Manual de Limpeza de Dados

Manual de Limpeza de Dados

Passo a passo de como fazer uma boa limpeza dos dados.

Alex S. S. Barros

Ter alguém que te inspire, que te faça ir mais longe e mais rápido é muita sorte em uma vida. Ter duas pessoas assim ao seu lado é realmente algo muito especial. Tenho essa felicidade, tenho a minha esposa Daniela e a minha filha Manuela. Eu gostaria de agradecer as duas e dedicar esse livro a elas.

Alex S. S. Barros.

"O conhecimento é o processo de acumular dados; a sabedoria reside na sua simplificação."

Martin H. Fischer

Escritor, artista, médico e físico alemão

Apresentação do livro

A análise de dados é uma habilidade valiosa em qualquer ambiente, seja no trabalho ou em casa. É algo que fazemos diariamente, mesmo sem perceber. Desde decidir qual caminho tomar para chegar ao trabalho até escolher qual alimento comprar no supermercado, estamos analisando informações e fazendo escolhas com base em nossas percepções.

No entanto, quando se trata de análise de dados profissional, é essencial que os dados sejam organizados e limpos para que possamos obter os melhores resultados. Isso significa que precisamos nos certificar de que os dados estejam corretos, completos e consistentes antes de começar a analisá-los. A falta de limpeza e organização dos dados pode levar a erros e interpretações equivocadas, o que pode ter consequências negativas para as empresas ou organizações.

A limpeza de dados envolve a identificação e correção de erros nos dados, como informações ausentes, duplicatas, valores incorretos ou inconsistentes. É importante notar que a limpeza de dados não é um processo único, mas sim um processo contínuo que deve ser feito regularmente para garantir a qualidade dos dados.

Este manual passo a passo é um recurso valioso para quem deseja realizar uma ótima limpeza de dados. Ele fornece uma estrutura clara e simples para ajudar a identificar e corrigir erros nos dados. Isso inclui a identificação de problemas nos dados, a limpeza e organização dos dados, a validação dos dados e a documentação dos resultados. Seguir este guia pode ajudar a garantir que seus dados estejam prontos para análise e que você esteja obtendo os melhores resultados possíveis de sua análise de dados.

Sobre o autor

Nascido em 1978, numa cidade do interior do Paraná, descobriu desde muito cedo no conhecimento uma bússola para desbravar o mundo.

Ainda no colégio escreveu seu primeiro livro, que foi publicado pela própria escola em pequena escala. Pouco conteúdo, mas muita imaginação. Ainda na mesma época, começou a atuar na educação, inicialmente com aulas de reforço e aulas particulares.

Seguiu pelo caminho da educação e trabalhou dedicado por mais de duas décadas como educador, professor, diretor de sistema de ensino, palestrante, consultor na área da educação.

Como professor de física, matemática e ciência e análise de dados, presencialmente ou on-line, sempre teve o reconhecimento dos alunos e das instituições pela sua didática e capacidade de transmissão do conhecimento de forma clara, correta e precisa.

Nessa fase ainda, escreveu muitos materiais didáticos, para diversos sistemas de ensino, cursos de graduação e pós-graduação e algumas empresas de comunicação.

Engenheiro de formação, cursou engenharia eletrônica no Instituto Tecnológico de Aeronáutica (ITA), formando-se com o prêmio Lacaz Neto de melhor trabalho de graduação do ano de 2002. Fez iniciação cientifica em robótica, cursou todas as matérias de mestrado de telecomunicação também no ITA durante a graduação e com isso aprofundou muito seu conhecimento sobre os números, suas histórias e aplicações.

Estudou ainda na Fundação Getúlio Vargas (FGV) para entender ainda mais sobre administração e gestão de pessoas. O mesmo para Fundação Dom Cabral (FDC) com planejamento estratégico para empresas. Além disso, fez inúmeros cursos de especialização, como Ciência de Dados, por exemplo.

Hoje, segue como empresário serial, mas não deixou de atuar na educação como consultor, autor de livros e conteúdos e professor em cursos on-line em instituições de nível superior.

Conteúdo

Introdução

Introdução

Palavras com ortografia incorreta, espaços à direita teimosos, prefixos indesejados, maiúsculas e minúsculas inadequadas e os caracteres não imprimíveis causam uma primeira impressão ruim.

Muitas são as possibilidades dentro do universo da limpeza de dados. Sim, cada caso é um caso, mas é possível criar um *check list*, um guia passo a passo de como realizar uma boa limpeza de dados.

Para alcançar a máxima eficiência dos dados, é obrigatório remover todos os tipos de inconsistências e erros de dados. Quando não podem ser resolvidos e isso significa que você não deve usar os dados ou deve usar com precauções.

Pensando em dia a dia, o Excel é um excelente aliado para limpeza em si. Outros programas semelhantes também, Google Planilhas e Numbers do Mac, por exemplo, também fazem um excelente trabalho! Mas aqui neste material o Excel será a estrela do show.

Lembrado que a grande barreira para esses programas é a quantidade de dados a serem analisados. No dia a dia, sejam em análises "caseiras" ou para os negócios, esses programas são suficientes.

Por exemplo, versões mais recentes do Excel permitem 1.048.576 linhas, por isso é menos provável que você esteja trabalhando com dados que atingiram o limite.

Claro, se você está numa área específica de análise de dados, talvez se depare com bases extremamente grandes e os programas na aguentem.

Arregace suas mangas, pegue seus equipamentos de limpeza, é hora de trabalhar!!!

Noções básicas

Você poder criar sua base de dados do zero, já formatando e ajustando tudo durante a própria criação, mas é bastante comum você importar alguns dados para o Excel para serem trabalhados.

Você nem sempre tem controle do formato e do tipo de dados importados de uma fonte de dados externa, como um banco de dados, arquivo de texto ou uma página da Web.

Como você já sabe, antes de poder analisar os dados, precisa limpá-los para ter um bom resultado!

Às vezes, a tarefa é simples com ajuda de recursos específicos do Excel. Por exemplo, você pode usar facilmente o

<u>Verificador Ortográfico</u> para limpar palavras com ortografia incorreta em colunas que contêm comentários ou descrições.

Outras vezes você pode ter dados duplicados desnecessários (nem sempre duplicados são ruins, depende da base e da análise). Se quiser remover as linhas duplicadas, você pode fazer isso rapidamente usando <u>Remover Duplicatas</u> no Excel.

Em outras ocasiões, talvez não seja tão direto assim! Talvez seja necessário manipular uma ou mais colunas usando uma fórmula para converter os valores importados em novos valores.

Remover espaços à direita ou à esquerda é algo muito comum de ser feito, por exemplo. Você pode criar uma coluna para limpar os dados usando uma fórmula, preenchendo a nova coluna, convertendo as fórmulas da nova coluna em valores e removendo a coluna original.

As etapas básicas para limpar dados:

1. Crie ou importe os dados de uma fonte de dados externa – pode ser usando a importação ou colando os dados;

2. Crie uma cópia de backup dos dados originais em outra pasta de trabalho – sempre é bom ter os originais intactos;

3. Garanta que os dados estão em um formato de linhas e colunas com: dados semelhantes em cada coluna, todas as colunas e linhas visíveis e sem linhas em branco dentro do intervalo;

4. Faça as tarefas que não requerem a manipulação de coluna em primeiro lugar, como a verificação ortográfica ou localizar e substituir algumas palavras ou termos;

5. Depois, faça tarefas que precisem de manipulação de coluna. Aqui as possibilidades são inúmeras.

Dicas rápidas e gerais de como mexer nas informações das colunas no Excel:

- Insira uma nova coluna (Y) ao lado da coluna original (X) que precisa de limpeza. Aqui (X e Y são fictícios, podem ser qualquer coluna)

- Adicione uma fórmula necessária que para transformar os dados na parte superior da nova coluna (Y).

- Preencha a fórmula na nova coluna (Y) e uma coluna calculada é criada automaticamente com valores preenchidos.

- Selecione a nova coluna (Y), copie-a e, em seguida, cole como valores na mesma coluna (Y) para eliminar as fórmulas.

- Remova a coluna original (X), então a nova coluna (Y) toma o lugar da antiga, ficando na posição X.

Principais pontos de atenção

Principais pontos de atenção

Ao abrir uma base de dados ou na hora que está criando uma, alguns problemas podem ser evitados olhando para alguns pontos.

Datas e horas normalmente são um problema, então merecem um lugar no pódio na hora da limpeza e formatação. São muitas as formas de escrever datas e horas, isso no dia a dia e no Excel também. E isso pode dificultar muito a análise, então é muito importante padronizar antes de analisar.

Outras formas e formatos também precisam ser observadas, como telefones e CEPs, assim como unidades dos números, afinal 10km são bem diferentes de 10 milhas.

Dados faltando em algumas colunas, normalmente causam dores de cabeça na hora da análise, então também devem receber atenção. Se forem possíveis de serem repostos, ótimo! Caso contrário, é preciso saber lidar com a situação, talvez eliminar as linhas onde há dados faltando.

Da mesma forma, dados duplicados! Eles podem causar muitos problemas nas análises. Sempre é preciso avaliar o caso e, caso necessários, eliminá-los.

Espaços em branco, erros ortografias e gramática, zeros a mais ou a menos nos números... todos os problemas que, no Excel, podem atrapalhar as contas. Devem ser corrigidos ou, pelo menos, padronizados durante a limpeza.

E ainda não estão sendo levados em conta aqui casos dados brutos demais para análise, a origem dos dados disponíveis, aleatoriedade da amostra, erros de amostragem e outros.

Verificação da ortografia e gramática

Verificação da ortografia e gramática

Passo número 1: verificar a escrita! João ou Joao? San Francisco ou São Francisco ou Frisco? Maria Aparecida Silva ou Maria A Silva? Mão na Massa ou MNM? Compra de material ou compra de materiais? Débora ou Debora? E assim por diante... sem falar que ao final das palavras pode ou não ter um espaço em branco o que já pode mudar muita coisa.

Nomes próprios (pessoas, cidades, bairros etc.), abreviações diversas, plural, acentuação... todos são problemas que devem ser eliminados antes da análise dos dados.

Tratar esses casos é fundamental para um bom resultado na análise de dados. Algumas vezes as ferramentas específicas para isso ajudam, mas no final ainda você vai ter que explorar manualmente os dados.

Depois vem a ortografia mesmo, erros de digitação, por exemplo, ou outros tipos de erro que envolvem a escrita. Nacimento ou nascimento? Felizmente ou felimzente? Comunicação ou comunicacao? E muitos outros.

Por fim, erros gramaticais como concordância de gênero e de número (plural), por exemplo. Ou ainda uso dos porquês, da crase, mas e mais, aonde e onde, e o famoso eu x mim. São muitas as opções aqui.

Neste ponto as ferramentas são mais precisas. Os próprios editores de texto trazem-nas como padrão. Também há diversos sites e aplicativos que fazem esse trabalho de verificação de gramática e ortografia.

Todos os programas do Microsoft Office podem verificar a ortografia, e a maioria pode verificar a gramática. No caso do

Excel, somente a verificação ortográfica está disponível, o que já ajuda muito.

Você pode iniciar manualmente uma verificação ortográfica no menu de Revisão ou pressionando F7. Uma vez aberta a janela, basta seguir as instruções e comandos. Caso queira, pode inserir ou excluir dicionários personalizados, da mesma forma pode incluir no seu dicionário atual palavras e termos novos.

Você pode usar um verificador ortográfico não só para localizar palavras com ortografia incorreta, mas para localizar valores que não são usados de forma consistente, como nomes de produto, adicionando esses valores a um dicionário personalizado.

Dados duplicados, dados duplicados

As linhas duplicadas normalmente são um problema comum quando você importa dados. Se a mesma linha aparece em seu conjunto de dados mais de uma vez, você deve descobrir o porquê. Ah, sim, um valor duplicado é aquele em que todos os valores em, pelo menos, uma linha são idênticos a todos os valores em outra linha.

Cuidado! Uma comparação de valores duplicados depende do que aparece na célula, não do valor armazenado na célula.

Por exemplo, se você tiver o mesmo valor de data em células diferentes, um formatado como "1/1/2022" e o outro como "1 de janeiro de 2022", os valores não serão exclusivos.

Outro exemplo, se você tiver em uma célula estiver escrito o número 0, em outra célula abaixo a fórmula =10*0, que é 0, e numa terceira célula, também abaixo, a função matemática =LOG(1;10), que também tem valor 0, e aplicar o recurso de remover duplicados, dois valores serão excluídos. Na verdade, com a construção acima, fica apenas a primeira informação.

Visualmente

0

0

0

Valores reais armazenados

0

=10*0

=LOG(1;10)

Antes de remover valores duplicados, é uma boa ideia primeiro tentar filtrar ou formatar condicionalmente valores exclusivos para confirmar se você atingiu os resultados esperados.

Você pode iniciar manualmente uma verificação ortográfica no menu de Dados. Selecione o intervalo de dados que gostaria e aplicar a solução. Podem ser colunas inteiras ou intervalos quaisquer, importante que os dados que serão excluídos, quando houver mais de uma coluna, devem ser iguais em todas

A filtragem de valores exclusivos e a remoção de valores duplicados são duas tarefas semelhantes, pois o objetivo é apresentar uma lista de valores exclusivos.

No entanto, há uma diferença crítica: quando você filtra valores exclusivos, os valores duplicados só ficam ocultos temporariamente. Enquanto remover valores duplicados significa que você está excluindo permanentemente valores duplicados.

Identificar, localizar e substituir valores

Identificar, localizar e substituir valores

Você tem os dados a sua frente, talvez 500 linhas e 20 colunas, nada demais, usando um tamanho de fonte padrão e um zoom adequado, provavelmente você não consiga ver todos os dados na tela, o que torna difícil de tratar os dados visualmente.

Será que em alguma coluna há dados faltando?

Algumas vezes é fácil de perceber dada a origem dos dados. Por exemplo, se você está analisando informações dos estados brasileiros, então o número de estados está determinado. Da mesma forma se for algo relacionado ao campeonato brasileiro de futebol ou algo semelhante.

Outras vezes, alguns dados estão faltando e não é tão óbvio assim saber perceber. Para isso algumas funções do Excel, como LOCALIZAR, ajudam verificar a falta dos dados.

Toda vez que você estiver trabalhando com dados que tenham valores ausentes, você deve se perguntar: "Eu sei o que a ausência deste valor significa?"

Outro cuidado, pior do que um valor em falta é quando um valor arbitrário é usado em vez disso. Dados vazios e "zeros" causam impactos diferentes na hora da análise, por exemplo, na hora de calcular uma média. Muito importante saber qual dos dois está valendo: vazio ou 0.

Começando por localizar e substituir caracteres ou palavras ou frases é algo muito útil na limpeza e padronização dos dados. Pode ser conveniente remover uma à esquerda comum, como um rótulo seguido por dois-pontos e espaço, ou algo como uma frase explicativa no final da cadeia que é desnecessária.

São muitas as possiblidades. Você pode incluir caracteres específicos ("curinga"), como pontos de interrogação, blocos e asteriscos, ou números em seus termos de pesquisa.

Você ainda pode pesquisar por linhas e colunas, pesquisar dentro de valores ou comentários e dentro de planilhas ou pastas de trabalho inteiras. Você pode localizar o item apenas ou substituí-lo.

Dicas para as pesquisas: ponto de interrogação (?), asterisco (*), til (~)em seus critérios de pesquisa.

- **interrogação (?) para localizar qualquer caractere único — por exemplo, s?t localiza "sat" e "set".**
- **asterisco (*) para localizar qualquer número de caracteres — por exemplo, s*d localiza "triste" e "iniciado".**

- **til (~) seguido por ?, *ou ~ para localizar pontos de interrogação, asteriscos ou outros caracteres de til — por exemplo, fy91~? localiza "fy91?".**

Você pode iniciar manualmente uma localização ou substituição no menu de Página Inicial ou pressionando Ctrl+F (localizar) ou Ctrl+H (substituir).

Algumas funções de localização que ajudam na hora da limpeza:

=NÚM.CARACT(texto)

Retorna o número de caracteres em uma cadeia de texto, simples assim.

=ARRUMAR(A1)

A função ARRUMAR retira esses espaços vazios, evitando problemas na hora da análise.

Mas só essa função não é suficiente para limpar a base de dados, ela retira os espaços, mas ainda deixa os caracteres de impressão e, para tirar eles, precisamos da função TIRAR.

=TIRAR(texto)

=ARRUMAR(TIRAR(texto))

Use TIRAR em textos importados de outros aplicativos que contêm caracteres que talvez não possam ser impressos.

=DIREITA(texto;num_caract)

=ESQUERDA(texto;num_caract)

Essas duas funções são similares e pegam quantos caracteres informarmos a partir do lado direito ou esquerdo.

=EXT.TEXTO(texto; num_inicial; num_caract)

Também pode ser usada para manipular caracteres a partir do lado direito ou esquerdo.

=PROCURAR(texto_procurado;no_texto;[núm_inicial])

A função PROCURAR localiza uma cadeia de texto em uma segunda cadeia de texto e retorna o número da posição inicial da primeira cadeia de texto do primeiro caractere da segunda cadeia de texto.

Ela diferencia maiúsculas de minúsculas e não permite caracteres curinga.

Se você não deseja fazer uma pesquisa que diferencia maiúsculas de minúsculas ou usar caracteres curinga, é possível usar LOCALIZAR.

=LOCALIZAR(texto_procurado; texto)
=EXT.TEXTO(A1;LOCALIZAR(texto_procurado; texto);num_caract)

Essa função pode ser usada dentro da extensão de texto. Ela procura um texto específico dentro da célula e retorna dizendo onde inicia a palavra buscada.

=MUDAR(texto_antigo;   núm_inicial;   núm_caract; novo_texto)

Substitui parte de uma cadeia de texto, com base no número de caracteres especificado, por uma cadeia de texto diferente. Use quando quiser substituir qualquer texto que ocorra em um local específico de uma cadeia de texto.

=SUBSTITUIR(texto;texto_antigo;novo_texto;núm_da_oco rrência)

Substitui um texto antigo por outro novo em uma cadeia de texto. Use quando quiser substituir texto específico em uma cadeia de texto.

=PROCV(valor_procurado;matriz_tabela;núm_índice_colu
na;procurar_intervalo)

=PROCH(valor_procurado;matriz_tabela;núm_índice_linh
a;procurar_intervalo)

=PROCX   (valor_procurado;   pesquisa_matriz;
retorno_matriz; "NA";0)

Funções de procura, vertical, horizontal e X. A diferença do
PROCX para o PROCV é que ao invés de selecionar a tabela
inteira, ele seleciona apenas as colunas do valor procurado e
do resultado que você quer encontrar.

=ÍNDICE(matriz; núm_linha; [núm_coluna])

=ÍNDICE   (referência;   núm_linha;   [núm_coluna];
[núm_área])

Retorna um valor ou a referência a um valor de dentro de
uma tabela ou intervalo.

A primeira opção retorna o valor de um elemento em uma
tabela ou matriz, selecionada pelos índices de número de linha
e coluna. A segunda, uma referência da célula na interseção
de linha e coluna específicas. Se a referência for formada por

seleções não adjacentes, você pode escolher a seleção que deseja observar.

=CORRESP(valor_procurado;   matriz_procurada; [tipo_corresp])

A função CORRESP procura um item especificado em um intervalo de células e retorna à posição relativa desse item no intervalo.

Dica: Use CORRESP no lugar de uma das funções PROC quando precisar da posição de um item em um intervalo em vez do item propriamente dito.

Maiúsculas e minúsculaS

Às vezes, o texto não tem um padrão claro na sua formatação e maiúsculas e minúsculas podem fazer a diferença. Tudo vai depender da sua base de dados e do que você precisa fazer com ela.

Usando uma ou mais das três funções maiúsculas e minúsculas, você pode converter texto em minúsculas, como endereços de e-mail, em maiúsculas, como códigos de produto, ou a primeira letra em maiúscula, como nomes ou títulos de catálogo.

Algumas funções de grafia que ajudam na hora da limpeza:

=MAIÚSCULA(texto)

=MINÚSCULA(texto)

=PRI.MAIÚSCULA(texto)

Essas são funções bem simples que servem para deixar todo o texto formatado por igual, elas retornam com o texto da célula todo em maiúsculo, todo em minúsculo ou apenas com a primeira letra maiúscula.

Hora da contagem

Hora da contagem

Contar a quantidade de dados em uma coluna ou fazer uma contagem condicional de acordo com alguns parâmetros são ações bem comuns durante a limpeza dos dados.

A contagem faz parte da análise de dados inevitavelmente, pode ser calculando a contagem de colaboradores da sua organização ou o número de unidades que foram vendidas a cada trimestre ou simplesmente um controle do número de vezes eu você foi jantar fora durante a semana.

O Excel fornece várias técnicas que você pode usar para contar células, linhas ou colunas de dados.

Algumas funções de contagem que ajudam na hora da limpeza:

=CONT.VALORES(valor1; [valor2]; ...)

=CONT.NÚM(valor1; [valor2]; ...)

CONT.VALORES conta o número de células que não estão vazias em um intervalo, enquanto CONT.NÚM conta o número de células que contêm números e conta os números na lista de argumentos.

Dica: Use AutoSoma para contar a quantidade de números de um intervalor. Para isso, selecione um intervalo de células que contém pelo menos um valor numérico. Em seguida, na guia Fórmulas, clique em AutoSoma > Números de Contagem.

=CONT.SE(intervalo;critérios)

=CONT.SES(intervalo_critérios1;critérios1;[intervalo_critér ios2; critérios2]...)

Contagem condicional são funções estatísticas, para contar o número de células que atendem a um ou mais critérios. Por exemplo, para contar o número de vezes que uma a Mega-Sena teve seu ganhador no Distrito Federal.

Corrigindo os números

Corrigindo os números

Há dois problemas principais com números que podem exigir que você limpe os dados: o número foi importado inadvertidamente como texto e as unidades podem estar todas bagunçadas.

O Excel pode cuidar de alguns casos simples de números transformados em texto com funções embutidas, mas muitas vezes você vai precisar usar fórmulas para retirar caracteres até que as células estejam limpas o suficiente para serem reconhecidas como números.

Já para as unidades, sempre bom verificar. Peso dos produtos em kg ou libras? Custo em reais ou dólares? Tamanhos em metros ou quilômetros? Sempre bom verificar se todos os dados da base estão com as mesmas unidades.

Seja sempre cauteloso com significados que podem ter mudado ao longo do tempo. Algumas formas de se resolver isso com o Excel, veja algumas a seguir.

Algumas funções de numeração que ajudam na hora da limpeza:

=VALOR(texto)

Converte uma cadeia de texto que representa um número em um número.

Dica: O botão Texto em Colunas é usado geralmente para dividir uma coluna, mas também pode ser usado para converter uma única coluna de texto em números. Na guia Dados, clique em Texto em Colunas.

=TEXTO(valor;formato_texto)

A função TEXTO permite que você altere a maneira de exibir um número aplicando formatação a ele e são muitas as possibilidades. Por exemplo: "$#;##0,00" ou "DD/MM/AA" ou "HH:MM" ou "0,00E+00".

Alterar a forma de exibição é útil quando você deseja exibir números em um formato mais legível ou deseja combinar números com texto ou símbolos.

Na guia Página Inicial ou clicando com o botão direto do mouse, você consegue acessar a formatação da célula, onde você pode mudar a categoria das informações contidas dela (Geral, Número, Moeda, Contábil, Data, Hora, Porcentagem...). Essa também é uma boa forma de tentar "reviver" os números que estão em formato de texto.

Atenção: o Excel e outros programas, muitas vezes, cometem o erro de presumir que numerais são números e eliminar os zeros à esquerda e isso pode causar alguns problemas.

Datas e horas

Datas e horas

Como há tantos formatos de data diferentes, datas e horas precisam geralmente ser convertidas e reformatadas.

As datas geralmente são uma parte crítica da análise de dados. Você costuma fazer perguntas como: quando um produto foi comprado, quanto tempo uma tarefa em um projeto levará ou qual é a receita média de um trimestre?

Inserir datas corretamente é essencial para garantir resultados precisos. Mas a formatação de datas para que elas sejam fáceis de entender é igualmente importante para garantir a interpretação correta desses resultados.

O Excel armazena datas como números sequenciais chamados valores de série. Por exemplo, no Excel para Windows, 1º de janeiro de 1900 (para o Mac é 2 de janeiro de 1904) é o número de série 1 e 1º de janeiro de 2008 é o número de série 39448 porque é 39.448 dias após 1º de janeiro de 1900.

O Excel armazena vezes como frações decimais porque o tempo é considerado uma parte de um dia. O número decimal é um valor que varia de 0 (zero) a 0,999999999, representando as horas de 0:00:00 (12:00:00 A.M.) a 23:59:59 (11:59:59 P.M.).

Importante: ocasionalmente, as datas são formatadas e armazenadas nas células como texto. As datas formatadas como texto são alinhadas à esquerda em uma célula (em vez de alinhadas à direita).

Algumas funções de tempo que ajudam na hora da limpeza:

=CONVERTER(núm;de_unidade;para_unidade)

Converte um número de um sistema de medidas para outro, no caso, unidades de tempo. Então para "para_unidade" você pode usar hora, dia, minuto quando se trata de tempo, mas pode usar outros comandos em outras ocasiões. Para conversões que envolvem um ano, considere que um ano é 365,25 dias.

=ANO(texto)
=MÊS(texto)
=DIA(texto)

Em uma célula com data essa função retorna o ano, mês ou o dia da célula indicada.

=DIA.DA.SEMANA(texto)

Essa função retorna o dia da semana de uma data específica e usa os números de 1 a 7 para isso, sendo 1 o domingo e 7, sábado.

```
=HOJE()
```

Se colocar sem nenhum parâmetro dentro da função, ela sempre retorna o dia em que estamos.

```
=DATA(ano;mês;dia)
=DATA(ANO(texto);MÊS(texto);DIA(texto))
```

Para configurar todas as datas da mesma forma e ter os dados organizados é interessante ter uma informação de data que seja padronizada, assim o Excel entende os valores dentro da célula como uma data e não como um texto. Isso permite o uso de filtros, por exemplo.

```
=DATA.VALOR(texto_de_data)
```

A função DATA.VALOR converte uma data armazenada como texto em um número de série que o Excel reconhece como data e é útil nos casos em que uma planilha contém datas em um formato de texto que você deseja filtrar, classificar ou formatar como datas ou usar em cálculos de data.

=TEMPO(hora, minuto, segundo)

Retorna o número decimal para uma determinada hora, que é um valor que varia de 0 (zero) a 0,99988426, representando as horas entre 0:00:00 e 23:59:59.

=VALOR.TEMPO(texto_hora)

Retorna o número decimal da hora também quando a hora é armazenada como texto. Muito parecido com DATA.VALOR, mas atenção a grafia, com tempo "valor" é prefixo, com data é sufixo.

Concatenar, mesclar e dividir colunas

Uma tarefa comum após importar dados de uma fonte de dados externa é mesclar duas ou mais colunas em uma ou dividir uma coluna em duas ou mais colunas.

Por exemplo, pode ser conveniente dividir uma coluna que contém um nome e CPF (ou outra informação) na mesma célula. Ou dividir uma coluna que contém um campo de endereço em colunas separadas de rua, cidade e CEP.

O processo também pode ser inverso, mesclar uma coluna de nome e sobrenome em uma coluna de nome completo, por exemplo.

São muitas as possibilidades e dependem o que você precisa para a análise. Outros valores comuns que podem exigir mesclar em uma coluna ou dividir.

Algumas funções de mesclar/dividir que ajudam na hora da limpeza:

```
=CONCATENAR(A1;B1)
=A1&B1
```

Quando temos duas células e queremos juntar os textos delas podemos usar essa função.

Quando você combina números e texto em uma célula, os números se tornam texto, ou seja, você não pode mais executar operações matemáticas neles.

Podem ser usados quantos argumentos quanto forem necessários e de diferentes naturezas. Por exemplo, =CONCATENAR("População de fluxo para ";A2;" ";A3;" é ";A4;"/km"). Ou ainda, =CONCATENAR(A1;B1;C1;D1;E1;F1;...) e assim por diante.

Dica: É bastante comum usar a função CONCATENAR com a função TEXTO para formatar os parâmetros.

Para dividir o texto em diferentes colunas, a melhor forma é com o assistente para conversão de texto em colunas, que fica na guia Dados. Depois basta seguir as instruções para especificar como você deseja dividir o texto em colunas separadas.

Mas você usar as funções ESQUERDA, EXT.TEXTO, DIREITA, PESQUISA e NÚM.CARACT, que foram vistas anteriormente, para dividir uma coluna de nome em duas ou mais colunas.

Mesclar células normalmente não é uma boa opção na hora de analisar dados, pois dificultam muito a seleção, manipulação e cálculo. Mas, eventualmente, pode ser uma necessidade pontual. Você encontra a opção de mesclar na guia da Página Principal.

Funções lógicas

Funções lógicas

Muitas vezes você vai precisar criar condições para entender melhor os dados e fazer a limpeza (e a análise em si). Algumas funções são bastante comuns nessa hora e fazem toda diferença.

Algumas funções condicionais que ajudam na hora da limpeza:

=SE(teste_lógico;valor_se_verdadeiro;valor_se_falso)

=OU(lógico1;lógico2;...)

=E(lógico1;lógico2;...)

Funções lógicas para verificar os argumentos. A função E, por exemplo, determina se todas as condições em um teste são verdadeiras. Já a função OU, caso uma das condições seja verdadeira.

A função SE é uma das funções mais populares e permite que você faça comparações lógicas entre um valor e aquilo que você espera.

É bastante comum elas trabalharem juntas, por exemplo, =SE(E(A2>0,B2<100),VERDADEIRO, FALSO).

Finalização

Finalização

Fazer a limpeza dos dados é extremamente importante antes da análise. Algumas vezes isso é fácil de ser feito, outras nem tanto.

Alguns pontos sempre merecem atenção, como data, hora, CEP, números de telefone, nomes próprios, abreviações, dados faltantes e dados duplicados. Para cada um deles, um tratamento diferente!

Algumas ferramentas ajudam, como Excel e suas funções e recursos, mas outras vezes o processo é, inevitavelmente, manual. Seja qual for a forma, fazer a limpeza dos dados é fundamental, então, espero que esse guia ajude a agilizar o processo de alguma forma.

Pegue o "balde", a "vassoura" e tudo mais, hora da limpeza! Bom trabalho.

Agora é sua vez...

Ok, fazer a limpeza dos dados antes de analisá-los não é a tarefa mais agradável. Ela demora, tem uma morosidade natural e muitos e muitos passos para serem seguidos. Ao mesmo tempo, você sabe que ela é fundamental para que a análise seja a melhor possível.

Ter os dados bem tratados e organizados certamente é, sem dúvida, o caminho para colocar os resultados das suas análises em outro patamar de qualidade.

Parece que você já sabe o que vou falar, não tem problema, aí vai: fazer a limpeza dos dados tem que ser mais do que uma tarefa no seu cronograma, ela precisa se um hábito.

Inicialmente será mais difícil, mas depois passa a ser algo natural e bem mais fácil de fazer.

Muito obrigado por ler este livro. Significa tanto para mim que você ficaria comigo e ouviria o que eu tenho a dizer.

Se houver algo que eu possa fazer, por favor, me avise. Estou às ordens!

Ao seu sucesso, abraços.

Alex S. S. Barros

@alexsbarros

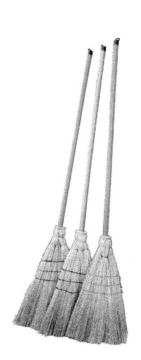

1ª edição, 2023

ISBN: 9798386355203

Selo editorial: publicação independente

Miolo: tinta preta e papel creme 55 (90 g/m²)

Capa: colorida fosca, papel branco 80 (220 g/m²)

2023

Alex Sander Schroeder de Barros

@alexsbarros